ÉTUDES POLITIQUES

RELIGIEUSES & SOCIALES

PREMIÈRE ÉPITRE

A Monsieur le comte de Chambord

PAR

UN GAULOIS ÉMANCIPÉ

Tous les hommes sont frères et égaux devant Dieu.
Demandez et vous recevrez.
Cherchez et vous trouverez.
Frappez et l'on vous ouvrira.

(CHRIST.)

L'attraction nous pousse irrésistiblement :
1° Au luxe, au plaisir des cinq sens;
2° Aux liens affectueux, aux groupes et séries de groupes ;
3° Au mécanisme des passions, caractères, instincts, et par suite à l'unité universelle.
Ce nouveau monde industriel sera produit par la méthode sociétaire naturelle.

(CH. FOURIER.)

Toutes les institutions sociales doivent avoir pour but l'amélioration du sort moral, intellectuel et physique de la classe la plus nombreuse et la plus pauvre.
A chacun selon sa capacité.
A chaque capacité selon ses œuvres.

(SAINT-SIMON.)

La femme est l'égale de l'homme.
Par la femme sera résolu le problème immense qui travaille le monde : Autorité et Liberté,
Je ne connais pas de nature vicieuse: toute nature finie est avant tout progressive et désireuse d'améliorer sa destinée et la destinée des autres...

(ENFANTIN.)

LILLE

IMPRIMERIE ET PAPETERIE DE A. DEGANS

53, RUE DU FAUBOURG-NOTRE-DAME, 53.

1871

ÉTUDES POLITIQUES

RELIGIEUSES & SOCIALES

PREMIÈRE ÉPÎTRE

A Monsieur le comte de Chambord

PAR

UN GAULOIS ÉMANCIPÉ

Tous les hommes sont frères et égaux devant Dieu.

Demandez et vous recevrez.

Cherchez et vous trouverez.

Frappez et l'on vous ouvrira.

(CHRIST.)

L'attraction nous pousse irrésistiblement :

1º Au luxe, au plaisir des cinq sens ;

2º Aux liens affectueux, aux groupes et séries de groupes ;

3º Au mécanisme des passions, caractères, instincts, et par suite à l'unité universelle.

Ce nouveau monde industriel sera produit par la méthode sociétaire naturelle.

(CH. FOURIER.)

Toutes les institutions sociales doivent avoir pour but l'amélioration du sort moral, intellectuel et physique de la classe la plus nombreuse et la plus pauvre.

A chacun selon sa capacité.

A chaque capacité selon ses œuvres.

(SAINT-SIMON.)

La femme est l'égale de l'homme.

Par la femme sera résolu le problème immense qui travaille le monde : Autorité et Liberté,

Je ne connais pas de nature vicieuse: toute nature finie est avant tout progressive et désireuse d'améliorer sa destinée et la destinée des autres..

(ENFANTIN.)

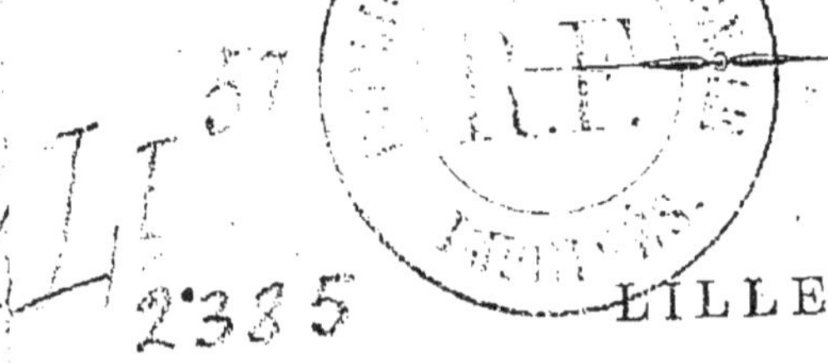

LILLE

IMPRIMERIE ET PAPETERIE DE A. BEGANS

RUE DU FAUBOURG-NOTRE-DAME, 53.

1871

Paraîtra prochainement :

L'ORDRE ANCIEN, — LA SITUATION, — L'ORDRE NOUVEAU.

INTRODUCTION

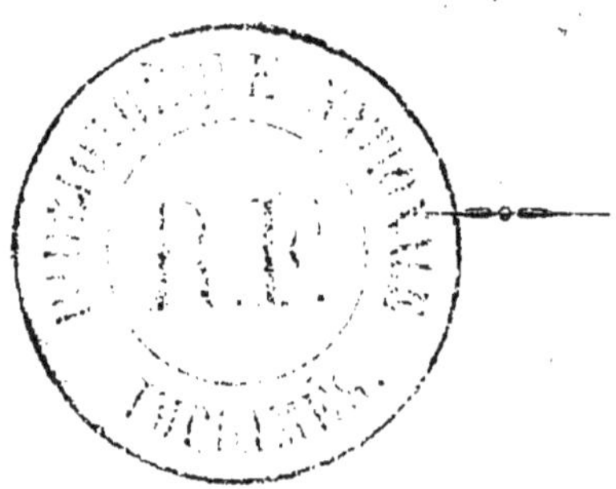

AUX FEMMES, AUX TRAVAILLEURS DE TOUS RANGS

Aujourd'hui que nous possédons un gouvernement, qui est à peu près l'expression exacte des
différents groupes politiques dont l'ensemble cons-
titue notre nation, aujourd'hui que nous avons le
gouvernement de tous par tous et pour tous, il
m'est avis qu'en la pressante situation où se trouve
notre malheureuse France, nous devons tous, quel-
qu'ait été jusqu'ici notre drapeau politique ou reli-
gieux, nous hâter de mettre de côté nos vieilles et
souvent bien sottes querelles, nos malentendus
séculaires et n'avoir plus qu'un seul désir au cœur,
une seule pensée à l'esprit, qu'un seul but d'activité à nous proposer, c'est de relever au plus vite
notre bien-aimée patrie de l'anéantissement moral
et physique où l'ont plongé les deux guerres af-

freuses qu'elle vient de supporter ; c'est de chercher tous à concourir efficacement dans la mesure de nos forces, à *son salut* et à *sa résurrection*.

C'est pourquoi, quoique notre voix ne soit guère puissante, quoique notre influence ne se soit exercée jusqu'ici que dans un cercle fort restreint, nous venons, nous chétif, à *la rescousse*, apporter les conseils de notre *expérience et de notre pratique* à la bonne œuvre de *sauvetage et de réédification sociale*, qui ne peut plus être remise ; dire nettement comment nous jugeons le *passé* et le *présent* et essayer d'ouvrir les yeux à tant d'aveugles qui ne veulent pas voir et à les tourner bien vite vers le *brillant avenir*, selon nous, réservé à notre pays.

Ce brillant avenir ne me paraît pas trop éloigné et j'estime que nous l'aurons bien vite, si dans le fond de nos âmes nous cherchons ardemment à acquérir les forces nécessaires pour l'atteindre ; si nous savons nous unir les uns aux autres d'un amour vraiment fraternel ; si parmi nous les *aînés*, les *riches* par le cœur, l'intelligence et la fortune tendent franchement une main amie aux *cadets*, à ceux auxquels manque le pain de l'âme, de l'intelligence et du corps ; si nous ne nous laissons jamais rebuter aux aspérités de la route, si nous nous promettons bien de supporter avec calme, avec patience, toutes les difficultés qui viendront nécessairement entraver notre marche ; si enfin nous nous mettons carrément et résolument à l'œuvre, décidés à exécuter tout ce qui nous sera demandé par nos guides, à tout supporter et à tout souffrir, en vue d'arriver le plus tôt possible aux fins que nous espérons.

Quel beau jour! Que celui où nous verrons parfaitement écrites dans les âmes, les intelligences et les corps, dans toutes les émanations du travail humain, ces sublimes formules : Fraternité, Egalité, Liberté, Solidarité, Association; le jour où ces mêmes formules se trouveront traduites de toutes parts sur notre sol en traits ineffaçables, en réalités vivantes et tangibles.

Mais hâtons-nous de descendre de ces hauteurs où l'esprit risque de s'égarer dans le domaine infini de *l'idéal*, pour répondre à une question qui nous sera adressée *in petto* par maint lecteur, quelque peu contempteur du progrès : ce que nous dit là M. *le Gaulois Emancipé*, *c'est du pur socialisme*.

Eh! mon Dieu, oui, Monsieur l'ergoteur, c'en est *du socialisme*, et encore du meilleur aloi.

Car il y a deux sortes de socialisme, comme il y a deux sortes de fagots, l'une bonne, l'autre mauvaise.

Le bon socialisme, c'est celui du Christ, du fils du charpentier, du divin libérateur des esclaves; de celui qui proclamait l'égalité et la fraternité des hommes devant Dieu, qui appelait le règne de Dieu sur la terre comme au ciel, qui disait à Pierre, avant de monter au Golgotha : *Celui qui se sert de l'épée, périra par l'épée*. Paroles d'une grande portée qui était la condamnation formelle de la guerre parmi les hommes et dont les Scribes et les Pharisiens, qui dominent aujourd'hui dans l'église catholique, ont tout à fait dénaturé le sens.

Le bon socialisme, c'est celui de SAINT-SIMON, proclamant dans le premier quart de ce siècle, que toutes les institutions sociales doivent avoir pour but l'amélioration du sort moral, intellectuel et matériel de la classe la plus nombreuse et la plus pauvre.

Le bon socialisme, c'est encore celui d'Enfantin proclamant l'égalité de l'homme et de la femme, et appelant la femme, suivant ses facultés développées par une éducation intégrale, à travailler activement, à côté de son ancien seigneur et maître, à la pressante œuvre des améliorations sociales ; lui donnant pour mission spéciale d'écraser la tête du serpent ; c'est-à-dire de détruire toutes les passions brutales de l'homme, la guerre, la violence, les haines et discordes, soit entre les nations, soit dans chaque nation entre les gouvernants et gouvernés, entre les sexes, les classes, les familles, et enfin de chercher à unir harmonieusement les uns aux autres tous les membres de la grande famille humaine pour la culture et l'embellissement du globe terrestre, ce domaine de la société tout entière, qui renferme des richesses immenses encore inexplorées, et dont l'exploitation, faite dans de bonnes conditions par des groupes associés, sera tellement abondante que nul désormais ne manquera du nécessaire et qu'il sera donné à chacun suivant ses œuvres.

Le bon socialisme, c'est surtout celui de Ch. Fourier, ce simple commis marchand, qui a inventé la Commune sociétaire, le plus beau mécanisme d'organisation sociale qui ait jamais paru ; le mécanisme de l'attraction passionnée, transformant les travaux en plaisirs, attirant au travail toutes les classes de la population, tous les improductifs et garantissant la persistance du peuple au travail et le recouvrement du minimum qu'on lui aurait avancé.

Ajoutons que la COMMUNE SOCIÉTAIRE, dont la réalisation nous paraît prochaine, n'entend léser personne, qu'elle n'apporte aucun trouble dans les intérêts acquis, mais au contraire, qu'elle donne des solidités si grandes et des avantages si consi-dérables aux placements de fonds, dans ses combinaisons d'association du capital, du travail et du talent, que nous sommes persuadé, que lorsque, ceux qui possèdent, seront pleinement convaincus de la possibilité de réaliser rapidement les promesses de l'inventeur de ce beau mécanisme, ils viendront avec empressement solliciter la faveur de concourir de leurs capitaux à sa création.

Cette création, faite certainement avec un grand retentissement, determinera infailliblement un grand nombre d'imitations semblables sur toute la surface de notre sol et à l'étranger; notre France, si abattue en ce moment, sera donc sauvée et avec elle toutes les autres nations qui semblaient se réjouir de son abaissement.

Notre Patrie reprend alors son rang dans le monde, de soutien des peuples faibles, d'initiatrice des peuples arriérés, d'apôtre, cette fois exclusivement pacifique, des grands principes de sociabilité; elle assiste à la chute de la société pourrie et barbare auquel on a donné le nom menteur de *civilisation* et elle préside à l'inauguration du *Monde nouveau.*

Ce Monde de l'harmonie, de la paix, de l'association, de la fraternité, de la solidarité et de la justice que nous demandons à Dieu depuis tant de siècles, cet Eldorado que les anciennes traditions mettaient dans le passé, est réellement devant nous ; et nous l'atteindrons bien vite le jour ou nous saurons réellement nous aimer les uns les autres, nous comprendre et utiliser, au profit de tous, les passions que Dieu a mises en nous, ces forces immenses, qui parfaitement équilibrées et harmonisées, produiront des merveilles, et qui, avec la persistance du système de compression qu'on leur a appliqué jusqu'ici, seront toujours les agents les plus actifs du mal, les causes efficientes des cataclysmes, tels que ceux qui viennent de nous affliger si profondément et dont les désastres seront si longs à cicatricer.

Du reste, voici, telle que nous l'avions personnellement formulée fin octobre 1870, la profession de foi qui a inspiré et guidé nos actes dans le passé et à laquelle nous conformerons nos actes à venir.

Tous et toutes sont appelés et appelées, tous et toutes doivent être successivement élus et élues.

C'est là, suivant nous la doctrine sainte qui doit remplacer progressivement les doctrines plus ou moins exclusives, religieuses, politiques, philosophiques et économiques du passé.

Et nous saisissons cette occurrence pour déclarer hautement que nous repoussons tout aussi énergiquement l'exclusivisme des socialistes ou politiques se qualifiant de *révolutionnaires*, et qui demandent à la force brutale le triomphe de leurs doctrines, que nous repoussons l'exclusivisme des ultra-catholiques, de ces Veuillot et *tutti-quanti*, qui n'hésiteraient pas à revenir aux errements de l'Inquisition, s'ils les jugeaient aptes à assurer la victoire des hérésies auxquelles ils osent encore (les blasphémateurs!) donner le beau nom de *Christianisme*.

Ces divers exclusivismes se valent et nous paraissent également dangereux et opposés à l'harmonie des classes, des individus, des sentiments, des idées et des intérêts, et en un mot à la paix sociale, qui est le grand désidérata, auquel nous avons voué notre vie.

La vérité absolue n'est pas encore trouvée et il est probable qu'on ne la trouvera jamais; nous estimons donc que, ce qu'il y a de mieux à faire entre nous, c'est de pratiquer les uns vis-à-vis des autres, la vérité relative, c'est-à-dire, de laisser à chacun de nous la faculté de produire librement ce qu'il croit bon et vrai, en ne lui imposant comme seule limite que de respecter la liberté d'autrui.

Dans la grande bataille des idées, la vérité saura bien triompher de l'erreur, les idées justes des idées fausses.

Liberté pour tous dans tous les modes de l'activité humaine; mais respect complet de la liberté de chacun d'entre nous, de notre frère, de notre sœur en Dieu et dans l'humanité, tel est le droit, telle doit être la loi, telle la pratique.

Aimez-vous les uns les autres comme des frères, comme des sœurs, comme des enfants propres de Dieu, auxquels il a reparti des passions, des facultés et des aptitudes diverses, également bonnes et respectables et susceptibles d'être complètement utilisées et parfaitement harmonisées dans un milieu convenablement préparé, telle doit être la MORALE.

Eh bien! que dites-vous, chères lectrices et chers lecteurs, de cette profession de foi et ne trouvez-vous pas qu'elle sort des routes battues et qu'elle mérite vos plus ardentes sympathies? Ce serait pour son auteur une bien douce récompense de l'œuvre qu'il entreprend pour vous complaire, œuvre ingrate, il en est convaincu d'avance, qui lui coutera bien des veilles, bien des fatigues, s'il apprend quelque jour que sa semence est tombée en bonne terre et promet pour un avenir prochain une fructueuse récolte.

Mais gare aussi au revers de la médaille, gare à la médisance et au mépris des satisfaits, de ces ventrus destinés à mourir d'indigestion, de ceux qui ne manquant de rien, trouvent que nous sommes dans le meilleur des mondes possibles. Ces gens-là qui s'accommodent de tous les gouvernements, à condition qu'ils puissent faire bonbance et ripailles, pêcher en eau trouble, démoraliser les familles, etc., etc., tout à leur aise, ne tarderont pas à dénigrer nos doctrines et nos sentiments, dont ils ne connaissent certainement pas le premier mot, et à nous confondre dans leur adversion contre tous progrès avec les communeux de Paris (*), sur le compte desquels, du reste, la lumière est loi d'être faite dans les esprits; sur le compte desquels la justice, l'inflexible justice, ne pourra pas de sitôt se prononcer en connaissance de cause et établir un jugement équitable et définitif; — ces gens-là, dis-je, pour caractériser l'œuvre sainte que nous entreprenons, ne tarderont pas à nous jeter à la face l'expression méprisante d'*uto-pistes*.

(*) Voir page 30.

Utopistes! utopistes! Cette expression loin de nous blesser, nous enorgueillit, au contraire, car elle nous prouve que nous sommes dans la bonne voie.

Utopistes! utopistes! C'est le mot qu'ont jeté aux novateurs les conservateurs de toutes les époques, les Platon et autres sages de la Grèce, les Caton et autres grands citoyens de Rome, aux partisans de l'abolition de l'esclavage ; les mots qu'ont jeté les Francs depuis la conquête des Gaules, ainsi que les nobles, leurs successeurs, aux serfs, aux vilains, à la bourgeoisie et aux penseurs, réclamant la suppression du servage et l'égalité des droits ; le mot que jettent encore aujourd'hui les anciens et les nouveaux féodaux, les anciens possesseurs des terres acquises, comme on sait, les barons du coffre-fort et de la manufacture, au prolétariat moderne réclamant, son émancipation définitive, son accession successive à la vie sociale que possèdent ses aînés, le développement intégral de ses facultés par une éducation qui l'achemine à des fonctions productives, son emploi dans les travaux auxquels il sera apte, la rétribution suivant ses œuvres et l'assurance que sa vieillesse sera à l'abri du besoin.

Ces aspirations, qui me paraissent en tous points légitimes, à la condition qu'elles n'entreront que lentement, pacifiquement et successivement dans la pratique, auront-elles l'assentiment des privilégiés de notre temps, aujourd'hui qu'il est prouvé à tout le monde que les Révolutions violentes n'amènent rien de bon ; qu'au lieu d'améliorer la condition du pauvre, tout en favorisant les intérêts du riche, elles jettent le pauvre sur la paille et sont grandement nuisibles aux riches par suite, de la destruction d'une grande quantité des richesses acquises, de la suppression de nombreuses branches du travail, du discrédit qu'elles apportent au mouvement des affaires, de la pénurie des capitaux circulant et du nombre considérable de bras qu'elles arrachent au travail productif, qui enrichit et vivifie, pour les livrer au travail qui détruit et qui tue.

Ces aspirations si légitimes, je le répète, j'ai l'espoir que nos privilégiés de l'intelligence et de la fortune se prêteront de tout cœur à les favoriser le jour où il leur sera prouvé que la mise· à exécution des projets d'améliorations, dont nous reparlerons plus amplement plus tard, créera, au profit de ceux d'entre eux qui ont de l'intelligence et du savoir-faire, des positions magnifiques et très-lucratives, et que, loin de faire courir aux capitalistes aucun risque, elle leur assurera de solides et fructueux placements, et, par conséquent, qu'ils recueilleront ces précieux avantages, de concourir puissamment à l'amélioration du sort des travailleurs à tous les points de vue et d'augmenter considérablement leurs revenus, et par conséquent de résoudre, comme par enchantement, ce problème vainement recherché jusqu'ici de l'union des deux intérêts, collectif et individuel.

Devant une pareille perspective, nos privilégiés n'hésiteront pas, j'en ai d'avance la certitude, et alors on verra, chose inouïe jusqu'ici, au moyen d'une combinaison libre et particulière du travail, d'un agencement bien ordonné des forces productives, se réaliser sans trouble d'aucune sorte, pacifi-

quement et progressivement, l'association des intérêts ; puis amener presque instantanément l'union
des classes, des sentiments et des idées, et
comme conséquence forcée le grand désidérata
que nous poursuivons : LA PAIX ET L'HARMONIE
SOCIALES !

Voilà donc l'idéal qui a toutes nos sympathies,
auquel nous arriverons bientôt, non par la guerre
la barbarie et la force brutale, c'est-à-dire le
retardement, mais par l'amour, le dévouement, la
persuasion et le bon exemple ; par l'entraînement
qui résulte des pratiques successives et échelonnées
conduisant sûrement au but poursuivi, ou en d'autres termes, par un progrès régulier ayant l'assentiment général.

C'est pourquoi nous appelons à nous les femmes
et les hommes de bonne volonté, toutes celles et
tous ceux qui, aimant profondément leurs semblables, seraient heureux de pouvoir améliorer leur
sort ; heureux de travailler de toutes leurs forces
à l'anéantissement des misères morales, intellectuelles et matérielles qui pèsent sur les classes
laborieuses, heureux surtout de chercher à empêcher le retour de ces affreuses hécatombes humaines
de ces vengeances, de ces destructions et de ces
ruines si désastreuses, que les barbares du XIXe
siècle viennent d'accumuler sur leurs pas, de tous
ces actes de vandalisme et de froide cruauté
accomplis par des chrétiens contre des chrétiens,
des frères contre des frères, au mépris de cette
parole sublime du divin maître : *Nous sommes tous
frères et égaux.*

Mais, nous répliquera-t-on, ce que vous nous

débitez-là avec tant de ferveur pourrait peut-être se réaliser dans un milieu social préparé suivant vos principes, mais vous n'ignorez pas, je pense, que nous sommes à cent mille lieues de votre idéal, nous autres civilisés, et spécialement que la *femme*, en laquelle vous professez une si grande confiance pour la réalisation ultérieure de vos beaux projets, est aujourd'hui l'esclave soumise du prêtre catholique, qu'avec la crainte du purgatoire et de l'enfer, du diable et des démons cornus et aux pieds fourchus, de l'huile bouillante et des flammes éternelles, qu'avec le paradis qu'il ouvre et ferme à sa volonté, le prêtre fait ce qu'il veut de cet être si bon et si timoré. Il maintient la femme dans l'ignorance de sa destinée par une éducation fausse et contre nature; elle est entre ses mains, l'instrument le plus rébarbatif au progrès, et tant qu'il continuera à la dominer, elle sera l'obstacle le plus insurmontable à la réalisation des doctrines nouvelles.

Et puis, ajoutera sans doute encore notre interlocuteur, vous n'ignorez sans doute pas non plus que, parmi ces deux groupes de travailleurs grands et petits que vous tendez à vous assimiler, les masses ne comptent guère; qu'elles ne suivent généralement que les impulsions des chefs égoïstes et ambitieux, qui ont su capter leur confiance; que très-probablement vous rencontrerez toujours en travers de vos projets les mieux conçus quelques grandes individualités puissantes par les capitaux, le savoir-faire et l'habileté, lesquelles, s'étant fait une magnifique position par la concurrence, persuaderont facilement aux badauds grands et petits du commerce et de l'industrie, que *le laisser-*

faire, le laisser-passer économique (*), est le seul régime de travail qui puisse s'harmoniser avec la liberté *(sic!)*, et que partant il serait de notre devoir de repousser toute tentative de réorganisation économique qui nous ramènerait fatalement à ces *jurandes* et *maîtrises* que Turgot a supprimées en 1787 aux acclamations générales.....

D'un autre côté, continuerait notre interlocuteur, vous ne seriez guère mieux accueilli des meneurs des masses populaires, qui ne tiennent nullement à ce que vous vous substituiez à eux.. Ces meneurs, qui sont la plupart du temps des ambitieux déclassés, en quête d'une bonne position, ou des entêtés, qui ne veulent écouter ni avis, ni conseil, vous repondront presque toujours par des phrases prétentieuses, comme celles-ci : *Depuis trop long-temps, les riches, dont un grand nombre, n'ont que la peine de naître, jouissent indûment des richesses qu'ils ne produisent pas, à l'exclusion des travailleurs qui produisent tout; et n'est-il pas équitable que les rôles soient intervertis et que les travailleurs puissent disposer à leur gré de la totalité des richesses qu'ils créent.....* A cela si vous vous avisez de riposter que le capital n'est que du travail accumulé, qu'il est l'élément vital, indispensable du travail, lequel associé franchement à celui-ci et bien dirigé vers l'œuvre de production, l'augmenterait certainement dans des proportions énormes, tandis que le système émis

---

(*) La liberté industrielle et commerciale, telle qu'elle se pratique, n'est que la liberté donnée au fort et au voleur d'exploiter et de rançonner le lutteur faible et sans défiance.

plus haut n'est qu'un déplacement de richesses, un vol, le : *Ote-toi de là que je m'y mette !* l'on vous tournera le dos pour toute réponse et vous en serez pour vos tentatives de propagande.....

Eh bien, oui, cher interlocuteur, j'avoue que ce que vous dites sur la femme et les travailleurs est de la plus entière exactitude, et je dois même vous déclarer que je sais, sur leur compte, une foule de choses moins édifiantes encore que je raconterai en temps et lieu, mais néanmoins que je persiste à espérer que les unes et les autres nous viendront prochainement, persuadé qu'ils trouveront en nous les moyens de donner satisfaction à tous leurs désirs, à tous leurs besoins, de développer toutes leurs virtualités et, en un mot, d'arriver par nous au but qu'ils se proposent d'atteindre, d'être heureux sur cette terre....

Nous comptons que la *femme* nous viendra la première, parce que, si la femme a quelque affection pour le prêtre, nous savons qu'elle le craint encore plus qu'elle ne l'affectionne et que la crainte est le premier pas vers la révolte ; parce que nous savons que la *fille aimante* aime beaucoup plus son fiancé que le prêtre ; que la *femme mariée*, lorsqu'elle s'est liée par affection, aime encore plus son mari que le prêtre ; que la *femme mère* aime cent fois plus le fruit de ses entrailles que le prêtre, et que nous sommes certain que les trois catégories de femmes ci-dessus énumérées et dont la plupart ont versé toutes les larmes de leur corps par suite des pertes qu'elles ont faites ou craint de faire, qui, d'un fiancé, qui, d'un époux, qui, d'un enfant qui lui avait tant coûté de soins pour en faire un homme, hélas ! devenu de la chair à canon ; nous sommes certain, dis-je, que, lors que les femmes viendront spontanément grossir nos rangs, c'en sera fait de cet abominable règne du sabre et de la poudre, que l'homme seul, abandonné à ses propres forces, a été impuissant à détruire jusqu'ici.

Les femmes viendront à nous, quand elles auront la certitude que nous voulons sincèrement en faire nos sœurs et nos égales, que nous voulons franchement les émanciper en leur donnant une éducation solide qui leur apprenne leurs droits et leurs devoirs, ainsi qu'une instruction professionnelle variée qui développe intégralement leurs facultés natives ; en leur conférant les fonctions auxquelles elles auront le plus d'aptitude et en attachant à ces fonctions une rétribution telle qu'elle les mette à l'abri du besoin dans le présent et dans l'avenir et qu'elle les affranchisse à tout jamais de la dépendance de leur ancien exploiteur, aujourd'hui très-souvent l'esclave soumis et docile de celles d'entre elles qui veulent briller dans le monde.

Les femmes nous viendront le jour où nos méthodes d'éducation attrayante pour les enfants des deux sexes auront reçu leur consécration pratique ; le jour où bon nombre de nos curieuses filles d'Ève (la curiosité est le premier pas vers le savoir, la vraie sagesse), où bon nombre de mères verront que ces chers petits êtres de leur affection, pour la conservation desquels elles donneraient leur vie, trouveront dans nos petits jardins, nos petites cultures avec de jolis chevaux nains, de jolies petites vaches laitières, de jolis petits attelages ; dans nos basses-cours peuplées de tout ce qu'il y a de plus varié et perfectionné en volailles ; dans nos ateliers

2

miniatures munis de tout l'outillage convenable au jeune âge ; dans nos cuisines parfaitement appropriées au travail et au goût de l'enfance ; le jour où, je le répète, les mères seront persuadées que les enfants élevés par nos soins auront chez nous tant de jouissances, tant de plaisirs, tant de sujets d'émulation et, en même temps, tant de libertés équilibrées et acheminant au travail productif, domestique et de ménage, agricole, industriel et commercial, aux sciences et aux arts, que tous les souhaits qu'elles pouvaient faire pour le bonheur de ces chers bambins seront exaucés et au-delà. Ce jour-là, un nombre considérable de mères de familles, entraînant avec elles les pères de leurs enfants, nous sera complètement acquis, et nous pourrons dire alors entre nous : Courage, amis, voici les temps qui s'accomplissent !

Hâtons-nous vite d'ajouter que les temps nous paraissent proches et qu'un de nos amis les plus convaincus de l'efficacité de la *nouvelle méthode d'éducation*, due au génie de CHARLES FOURIER, M. Jouanne, pharmacien, est en train de fonder à Ry (Seine-Inférieure), avec le concours d'un groupe d'amis dévoués et de quelques personnes qu'on est toujours sûr de rencontrer, lorsqu'il y a quelque bonne œuvre à faire, une MAISON RURALE D'ENFANTS, dans laquelle il se propose d'expérimenter la susdite méthode et de démontrer à priori la fausseté des anciennes méthodes d'éducation, méthodes qui produisent chez les enfants des deux sexes un tas effrayant de *crétins*, de *cerveaux vides* qui se transforment plus tard en *petits crevés* et en *cocottes*, sorte de lèpre et de gangrène sociale qu'il est instant de détruire (*).

Nous comptons donc prochainement sur le concours efficace et prochain des femmes et nous espérons qu'il en sera ainsi du grand groupe des travailleurs, grands et petits, en tous les ordres des travaux, dont les intérêts ont toujours été hostiles et en lutte acharnée par la raison péremptoire qu'on ne possédait pas la loi de leur union et de leur harmonisation.

Aujourd'hui ce problème impossible jusqu'ici à tous ceux qui ont tenté de l'aborder, ne paraît plus, aux esprits désireux de connaître, qu'une règle de mathématiques transcendantes qu'un bon calculateur peut résoudre facilement, si peu qu'il y mette du bon vouloir.

Cette *union des intérêts* des deux classes travailleuses, riches et pauvres, n'est, du reste, qu'une conséquence fatale des progrès antérieurs.

(*) M. Jouanne a souscrit pour sa part une somme de 20,000 francs sur les 40,000 francs nécessaires à sa complète mise en train de son œuvre ; 15,000 francs proviennent de diverses souscriptions, et il lui faudrait encore 5,000 francs que j'engage mes lectrices et mes lecteurs à adresser au dit M. JOUANNE, *à Ry, près de Rouen (Seine-Inférieure)*.

On peut également souscrire des obligations de 200 francs parfaitement garanties, rapportant 5 pour 100 d'intérêts et remboursables la cinquième année de leurs souscriptions. Le fond total des obligations ne doit pas dépasser 12,000 francs; c'est donc un bon placement. Mais tout souscripteur d'une obligation doit au préalable avoir versé une somme de 50 francs à titre de don pour la *Dotation industrielle* des enfants de la Maison rurale.

Nous avons vu plus haut que les *utopies*, appelées autrefois par les possesseurs *d'esclaves et de serfs* : *abolition de l'esclavage*, *abolition du servage*, sontdevenues des *réalités vivantes* ; attendu qu'il n'existe presque plus sur notre globe ni d'esclaves ni de serfs ; on en peut donc conclure naturellement qu'il en sera de même du *prolétariat moderne*.

Cette dernière forme de l'exploitation de l'homme par l'homme disparaîtra le jour où les anciens privilégiés, les *aînés* de la grande famille, comprendront la puissance moralisante de ce grand levier de tous les progrès passés et futurs : ASSOCIATION.

Oui, *association* pacifique, libre et volontaire de toutes les forces concourant à la production, *capital, travail et talent*, voilà l'arme puissante que les *novateurs* de nos jours se proposent d'employer bientôt, afin de combler au plus vite le déficit fait dans le champ des richesses par les désastres immenses causés par les récentes guerres et le chômage d'une foule de travailleurs sans ouvrage ou absorbés par l'œuvre de destruction, et afin de servir de première étape, *à l'avenir de paix et d'harmonie* auquel nous aspirons tous, instinctivement, au fond de l'âme, femmes et hommes, riches et pauvres, intelligents et ignorants, oisifs et travailleurs.

Cet AVENIR SERA, quand tous, nous voudrons bien y concourir de toutes nos forces, qui par ses capitaux, qui par un dévouement absolu prêt à tous les sacrifices personnels, qui par l'apport d'une direction agençant habilement les forces et distribuant à chacun son œuvre spéciale ; qui enfin par le savoir-faire pratique. SACHONS DONC VOULOIR.

Ajoutons, néanmoins, à l'usage des bonnes âmes, que ces magnifiques perspectives ne rassureraient pas sur notre compte et que les adversaires de tout changement pourraient chercher à égarer sur nos principes, que nous prouverons ultérieurement par des faits positifs qu'au moyen d'une meilleure combinaison, d'une division bien établie des forces productives et d'une distribution plus équitable des produits, on peut donner au capital et à l'intelligence une part plus grande des richesses qu'ils n'en ont recueillies jusqu'ici, rétribuer les travailleurs, proprement dits, de manière à ce que eux et leurs familles ne manquent jamais du nécessaire, soit dans le présent soit dans l'avenir, et même assurer à ceux qui se distingueront par leurs œuvres un superflu très-confortable.

Et ce sera *justice*.

Oui, il est *juste* qu'il en soit ainsi ; *juste* que tous les coopérateurs des *richesses* participent suivant des bases *équitablement* fixées aux bénéfices de *la production; juste* qu'il n'y ait plus de ces *parts du Lion* que quelques égoïstes se sont adjugées jusqu'ici ; *juste* que tous ceux qui *produisent* puissent prendre part aux *banquets de la vie; juste* que l'échelle ascendante aux fonctions élevées soit ouverte à toutes et à tous et que l'affection, la considération, les honneurs arrivent aux plus méritants, aux plus dignes, à ceux qui auront rendu les plus grands services à leurs semblables.

Maintenant, chères lectrices et chers lecteurs, il me reste à vous demander pardon d'avoir si longuement et si laborieusement exposé ma manière de voir sur le passé et le présent, ainsi que mes conceptions d'*avenir*, conceptions qui diffèrent, j'en suis certain, du tout au tout avec celles qui sont acceptées comme un *Dieu terme*, en quelque sorte infranchissable par l'immense cohue des désœuvrés qui, ne manquant de rien, croient, en se voyant la panse bien garnie, que nous avons atteint le *nec plus ultra des progrès possibles.....*

Ces gens-là s'abusent étrangement et il se pourrait qu'ils reconnussent trop tard, dans un temps peu éloigné, que, tant qu'on n'aura pas remédié d'une manière radicale par des mesures décisives aux grands désordres sociaux dont la récente insurrection de Paris vient de révéler les épouvantables symptômes, la société actuelle sera toujours assise sur un volcan prêt à éclater sous ses pas et à l'engloutir sous ses ruines.

On a parlé, pour conjurer le mal, de répression à outrance, d'être sans pitié pour les *grands coupables*, pour ceux dont les forfaits ont jeté l'épouvante dans toutes les âmes ; voici comment un grand socialiste de notre époque, le Père ENFANTIN, a traité cette grave question de criminalité dans ce passage d'un de ses enseignements que je livre à la méditation des penseurs et des hommes d'Etat : (*)

(*) Premier volume des *Œuvres d'Enfantin*, édition Dentu, pages 92 et 93.

« L'une des deux cérémonies les plus importan-
tes de l'avenir, ce sera celle de la *Condamnation*
la plus grande ; celle où le *crime* le plus épou-
vantable recevra son *jugement* et l'*exécution*
de ce jugement : jour de deuil, mais jour puissant pour l'*éducation* du genre humain. Alors le
criminel ne sera point frappé d'un indélébile
anathème ni d'une réprobation éternelle, et le
CHEF SUPRÊME, en présence de ce malheureux qui,
parmi tous ses enfants, aura le plus failli, sentira
remonter vers lui-même une partie du jugement
prononcé contre le criminel; car lui-même fut, est,
et sera FAILLIBLE, il est HOMME. Dans ce moment,
solennel, je vois le CHEF SUPRÊME, entre le *juge* et
l'*exécuteur*, tendre ses mains paternelles au coupa-
ble, etl'interroger, attendant de cet homme si bas,
si misérable, attendant à son tour une révélation.
« Dis-moi, enfant, dis, qu'y a-t-il donc en moi,
en nous tous, de si mauvais encore, que la famille
dont je suis le père ne puisse pas donner le bonheur
à l'un de ses membres, ni l'empêcher, à force
d'amour, de se révolter contre elle? Dis, que nous
manque-t-il? Moi-même, quel progrès ai-je à
faire? Aide-moi à l'accomplir. Dieu est tout ce qui
est, nul de nous n'est lui, et AUCUN DE MES ENFANTS
N'EST HORS DE LUI. »

Voilà, ou je me trompe fort, une belle page, où
respirent les plus nobles sentiments et qui renferme le plus large enseignement de charité fraternelle qui ait jamais été donné aux humains; et
DIEU veuille qu'elle tombe sous les yeux de M.
Thiers et des membres de la commission de grâce,
qu'elle ouvre leurs cœurs à la clémence, qu'elle
les porte à examiner avec soin notre situation

sociale et enfin à reconnaître que nous sommes sur la limite de deux sociétés, celle du *passé* qui s'écroule et celle de *l'avenir* qui cherche à tatons sa voie, mais qui sortira vite des limbes, le jour où les nouveaux gouvernants prouveront qu'ils sont à la hauteur des devoirs qui leur incombent; qu'ils seront à même de faire rapidement disparaître nos vieilles *misères* et d'ouvrir une carrière indéfinie de fonctions à toutes *les individualités*, préparées par une éducation substantielle, qui pourraient réclamer place *au soleil*.

C'est là *la vraie route du bien*, la route de l'apaisement, de la fin des luttes et des haïnes entre peuples, classes, familles, sexes et intérêts; c'est la route que nous avons toujours suivie et dont nous ne nous écarterons jamais, et nous espérons bien que Dieu nous récompensera quelque jour de n'avoir jamais désespéré de sa BONTÉ.

Puisse-t-il nous permettre de voir sous peu, sortir de terre les premières assises de l'édifice embryonnaire de l'AVENIR.

J'ai dit!

Lille, le 27 juin 1871.

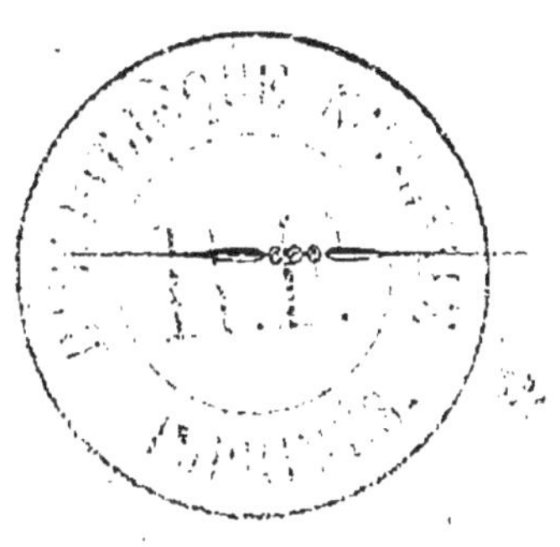

A MONSIEUR

LE PRÉTENDANT

LE COMTE DE CHAMBORD

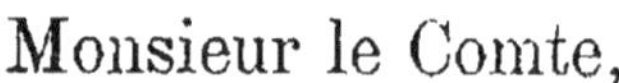

Monsieur le Comte,

Je viens, au nom du grand parti libéral et anti-monarchique, auquel je me fais gloire d'appartenir depuis plus de quarante ans, vous remercier, vous qu'on a appelé L'ENFANT DU MIRACLE A VOTRE NAISSANCE, d'avoir posé, en termes nets et ne prêtant nullement à l'équivoque, votre candidature au trône de France ; car il nous fallait à nous, les amants de la liberté, qui étions parqués jusque là, en une infinité de groupes distincts : LIBÉRAUX, DÉMOCRATES, RÉPUBLICAINS, RADICAUX, RÉVOLUTIONNAIRES, SOCIALISTES de diverses nuances, hostiles les uns aux autres, se jalousant, se méprisant, se détestant au fond de l'âme, toujours prêts à en venir aux mains ; car il nous fallait un vigoureux coup de fouet pour nous ouvrir les yeux, pour nous faire comprendre que l'émiettement et l'éparpillement de nos forces, que nos divisions intestines nous conduisaient droit à l'abîme, à l'anéantissement; et ce coup de fouet, que vous venez d'appliquer vigoureusement sur nos épaules, il a produit sur chacun de nous, un excellent effet.

Merci donc, encore une fois, Monsieur le Comte, de ce manifeste si clair et si franc, qui amènera infailliblement dans nos rangs la cohésion qui nous manquait, qui nous portera, les uns les autres, à apprécier et à juger plus mûrement et plus sainement la raison d'être et l'utilité des différences qui nous séparent et à rechercher le mode d'emploi le plus avantageux dans l'intérêt de la cause commune de ces différences caractéristiques; qui nous portera, je le répète, à nous faire des concessions réciproques et à nous unir enfin en phalange compacte pour le dernier et saint combat, s'il le faut, contre le vieux monde, contre les débris de l'ancien régime dont vous venez si carrément d'arborer l'étendard.

Ne dirait-on pas, en ce moment, que les morts reviennent et semblent compter sur nos désastres pour ressaisir plus facilement leur ancienne domination pour ressusciter toutes les vieilleries du passé : *l'omnipotence exclusive du clergé et sa haute main sur toutes les branches de l'instruction publique; la restauration de l'ordre de la noblesse avec tout ou partie de ses anciens priviléges; la création d'une chambre des pairs héréditaires et par suite l'amoindrissement considérable de la chambre des représentants, du tiers, des vilains, etc., etc.*

Toutes ces vieilleries, dis-je, se produiraient

indubitablement, Monsieur le Comte, malgré vos affirmations contraires, comme la conséquence fatale de votre avénement ; elles vous seraient sans nul doute imposées par cette caste nombreuse et hébêtée de hobereaux de village, — qui, ceux-là, du moins, n'ont jamais rien oublié, parce qu'ils n'ont jamais rien appris, — s'ils parvenaient quelque jour, ce qu'à Dieu ne plaise ! s'ils parvenaient, un moment, à être les plus forts.

Ces cerveaux momifiés vous forceraient la main, et il vous faudrait bien, pour leur complaire, tenter des restaurations impossibles. Mais gare au réveil ! Le lion populaire ne tarderait pas à sortir de sa léthargie et à balayer de notre sol de LIBERTÉ et d'ÉGALITÉ toutes ces plantes parasites, toutes ces excroissances cacochymes, toutes ces *vieilles reliques* auxquelles nous n'avons plus foi.

Ce qui me porte à tirer pareille conclusion de votre avénement à la dignité que vous poursuivez avec tant d'acharnement, c'est l'abnégation avec laquelle vous offrez, si jamais vous devenez puissant, votre protection au successeur dégénéré de Pierre pour assurer son indépendance, c'est-à-dire pour reconquérir son trône temporel ; c'est l'empressement que vous mettez à lui promettre d'avance, de vous appuyer sur lui, de lui abandonner la direction spirituelle de la société, et, en un mot, d'établir en sa faveur le règne exclusif de la théocratie.

Quelle différence entre les temps actuels et ceux de la primitive Église, où régnait entre les fidèles le vrai esprit de charité, ainsi que le prouvent les deux citations suivantes que j'extrais d'un petit cours d'histoire ecclésiastique à l'usage de la jeunesse :

Iº « Toute la multitude des nouveaux fidèles n'avait, selon l'expression de l'Ecriture, qu'un cœur et qu'une âme; aucun d'eux ne s'appropriait rien de ce qu'il possédait ; mais ils mettaient tout en commun. Il n'y avait point de pauvres parmi eux, parce que ceux qui avaient des terres et des maisons, les vendaient et en apportaient le prix aux pieds de ses apôtres, pour être distribué à chacun selon ses besoins. Ils étaient assidus à écouter la parole de Dieu ; ils persévéraient dans la prière et dans la fraction du pain, c'est-à-dire dans la participation de la divine Eucharistie. D'intempérants, d'ambitieux, d'avares, de voluptueux qu'ils avaient été pour la plupart, tous étaient devenus, par le baptême, des hommes nouveaux, des hommes doux et humbles de cœur, des hommes chastes et mortifiés, des hommes détachés des biens de la terre et prêts à tout perdre et à tout souffrir pour le nom de Jésus-Christ.

IIº « Nous nous réunissons, disait Tertullien, pour prier Dieu en commun. Ceux qui président sont des vieillards d'une vertu éprouvée, qui sont parvenus à cet honneur, non par argent, mais par le bon témoignage de leur vie. S'il y a parmi nous un trésor, il sert à l'entretien des pauvres et de tous les malheureux ; car nous ne souffrons pas qu'ils restent sans secours. Comme nous n'avons qu'un cœur et qu'une âme, nous n'hésitons pas à nous aider les uns les autres. Il ne faut pas s'étonner si une pareille amitié produit des repas. Ces repas se nomment *Agapes*, c'est-à-dire *Charité*. Les pauvres, comme les riches, y son admis. Tout s'y passe dans la modestie. »

Que les temps sont changés! Et combien, en ces jours de catastrophes effroyables, trouve-t-on de riches qui viennent mettre leur superflu aux pieds du pauvre, qui tendent une main fraternelle à la veuve, à l'orphelin, au déshérité, à celui à qui manque le pain de l'âme, de l'esprit et du corps? Ces âmes d'élite, s'il y en a, sont bien clair-semées, et, en tous cas, elles ne formeraient qu'une bien minime exception. Généralement celui qui possède, thésaurine en cachette et consomme égoïstement ses richesses. Celui qui n'a rien, ne trouve, à sa naissance, aucune main amie pour soutenir et guider ses premiers pas dans la vie ; pour l'acheminer à la carrière qu'il doit suivre ; pour lui procurer un travail rémunérateur et garantir ses vieux jours contre la misère. Tant qu'il a des forces, il vit tant bien que mal du produit de son travail, mais quand il ne peut plus travailler, il a la mendicité, la dégradante mendicité pour ressource, et va mourir dans un coin sur la paille ou dans une prison d'hospice.

Hé ! quoi ! c'est cette église chrétienne qui, comme nous l'avons constaté plus haut, avait des mœurs si pures et si fraternelles, qui, plus tard, en prêchant l'égalité et la fraternité parmi les hommes, contribua si efficacement à l'abolition de l'esclavage antique et du servage moderne ; c'est l'église qui ne reconnaît ni castes, ni races parmi ses membres, qui n'admet ni l'hérédité de la fonction, ni l'hérédité de la fortune, qui a su réaliser, dans son sein, l'ordre selon la capacité en appelant souvent à ses plus hautes dignités des hommes de la plus humble origine ; c'est l'église dont la mission aurait dû se borner à enseigner la paix et la fraternité, à abaisser le fort et à protéger et à élever le faible, à prendre résolument, à tâcher de réaliser successivement la volonté de Dieu sur la terre, d'incarner dans la société les principes de l'Evangile, d'éteindre parmi ses frères ce brûlant levain de servitude, de haine et de révolte qu'on appelle la misère ; c'est l'église qui aujourd'hui est tombée à ce point d'abaissement et de honte de rechercher l'alliance du soi-disant représentant de la force brutale, de la guerre, d'un CÉSAR en herbe ; d'attendre, d'une sorte de revenant d'outre-tombe, l'aumône d'un trône temporel qu'elle n'a jamais su exploiter convenablement au point de vue moral, intellectuel et matériel, d'un trône que Victor Emmanuel, profitant des embarras et des désastres de la France, vient de lui enlever aux applaudissements de toute l'Italie et de la plus grande partie de l'Europe.

Quel entêtement ! quelle folie ! quelle inconscience de sa mission terrestre !

Et quand l'Eglise forme-t-elle de pareils desseins, quand s'apprête-t-elle à tenir une pareille conduite ?

Quand nous, les laïques, nous, les successeurs des libres-penseurs que jadis elle brûlait sur les bûchers de l'inquisition et vouait à la damnation éternelle ; quand nous, les pionniers de *l'avenir*, nous nous posons résolument dans l'arène qu'elle a abandonnée lâchement ; quand nous cherchons à conduire par mille péripéties douloureuses la foule innombrable de souffrants et de déshérités, les prolétaires de l'un et de l'autre sexe, les enfants et les vieillards à des destinées meilleures ; quand nous consacrons nos affections, notre intelligence et notre activité à en préparer les bases et que nous nous ingénions à trouver les ressources et les forces nécessaires pour traduire en faits pratiques palpables, pacifiquement et progressivement, les sublimes formules : *Liberté, Egalité, Fraternité*, qui ont valu, il y a dix-huit siècles à l'homme-Dieu, d'être attaché au gibet du Golgotha !!!

Permettez-moi maintenant quelques réflexions sur certaines phrases de votre factum.

« J'ai jeté au monde un cri de douleur qui a été entendu. » — Je vous avoue que, dans notre centre industriel, un grand nombre de mécréants comme moi ne sont guère inquiétés de ce *cri*, d'autant plus que tous, lors du bombardement de Paris, nous avions poussé des cris de douleur, et que, par conséquent, nous croyons aussi méritants que vous, sous ce rapport.

» Les difficultés de cette douloureuse entreprise (vaincre Paris) ne sont pas au-dessous de l'héroïsme de notre armée. » Habile flatterie à l'adresse de cette force qui, commandée par des chefs achetés au poids de l'or, a fait le coup d'Etat du 2 décembre 1852, et qu'on aimerait à se rendre favorable.

« Je n'ai pas renoncé au bonheur de sauver la France. » Grand merci, ne vous dérangez pas Monsieur le Comte, nous comptons bien pouvoir nous sauver nous-mêmes, sans votre *assistance intéressée.*

« Quant à ces *mandataires éclairés,* comme vous, sur *les besoins de leur temps* et non moins pénétrés des *principes nécessaires*, à toute société qui veut vivre dans *l'honneur* et *la liberté.* » Ces *mandataires éclairés,* qui sont vos amis, et pour lesquels je professe une médiocre confiance, je voudrais qu'ils nous fissent connaître *ces besoins du temps, ces principes nécessaires*, grands mots vagues, creux et sonores, qui n'apprennent rien à l'esprit.

« La France aspire à la *Monarchie traditionnelle*, qui seule peut lui donner *l'ordre, la justice, l'honnêteté..... »

Voilà encore de biens grands mots creux et vides; voilà des assertions qu'il vous serait bien difficile de justifier, attendu que toute notre histoire atteste le contraire.

Du reste, nous verrons plus loin dans le cours de cette étude que les richesses de vos ancêtres en fait *d'ordre*, de *justice* et *d'honnêteté* sont fort légères, et que la somme des maux qu'ils ont suscités à la mère-patrie dépasse de beaucoup l'*actif* si maigre des bonnes choses que quelques-uns d'entre eux ont pu laisser faire pendant leur règne. Croyez-moi, le grand jour peut être fatal à certaines réputations, et vous feriez mieux de laisser dormir vos ancêtres dans l'oubli.

Vous demandez *à travailler à la régénération du pays*, à donner l'*essor à toutes ses aspirations légitimes* et à *présider à ses destinées*.

Toujours des phrases pompeuses, sans signification précise! Mais définissez donc une bonne fois ce que vous entendez par *régénération du pays; aspirations légitimes; présider à ses destinées.*

Tant que vous ne nous aurez pas fourni des explications nettes et cathégoriques sur ces points si essentiels, tant que vous ne nous aurez pas détaillé en quelque sorte, mot par mot, l'œuvre que vous tentez d'accomplir; vous nous permettrez, Monsieur le Comte, de douter que vous soyez jamais à même de remplir convenablement l'immense tâche que vous avez l'audace d'ambitionner, et qui, sans vous offenser, réclame des qualités *morales*, *intellectuelles et industrielles* plus puissantes que celles que vous me paraissez posséder.

'En effet, montrez-vous donc à nous tel que vous

êtes ; comment vous vous êtes préparé au rôle que vous vous donnez, à quels travaux matériels vous vous êtes livré jusqu'ici ; montrez nous les champs que vous avez fécondés de vos sueurs, les usines que vous avez fondées, les grandes sociétés de crédit, de commerce et d'industrie auxquelles vous vous êtes intéressé ; et dites-nous si, dans l'ordre matériel, vous accepteriez cet adage de l'Evangile : *qui travaille, prie*, et comme conséquence que l'homme est aussi méritant et aussi agréable à Dieu, lorsqu'imitant le divin ouvrier, le souverain *créateur* et ordonnateur de toutes choses, il pratique des travaux industriels, agricoles et commerciaux, que lorsqu'il pratique des œuvres d'ordre moral et intellectuel.

La vieille prescription : *La chair, c'est le péché*, a eu sa raison d'être, lorsque la chair s'appelait *César*, la guerre, la destruction, le pillage ; mais elle devra être mise de côté le jour où les nations et les individus comprendront, et ce jour est proche, — car les grandes catastrophes ont cela de bon, qu'elles signalent à tous les causes du mal, en même temps qu'elles mettent sur la voie des remèdes à y apporter, — le jour où tous nous comprendrons que c'est un *crime de lèse huma-nité* pour les nations et les individus de guerroyer les uns contre les autres ; que notre devoir le plus pressant à tous est de contracter enfin cette sainte alliance des peuples qui n'a été jusqu'ici qu'un beau rêve ; que c'est de nous livrer aux fécondes joutes du travail pacifique et créateur ; d'exploiter au profit de tous ce magnifique globe terrestre, domaine de l'humanité toute entière, qui renferme des richesses immenses encore inexplorées et dont la mise en culture réaliserait bien vite ce problème toujours désiré et toujours insoluble, que *beaucoup pourraient avoir légitimement du superflu ; puisque nul être humain ne manquerait plus du nécessaire*.

Alors toutes activités dans l'ordre moral, intellectuel et matériel seront saintes et méritoires aux yeux de Dieu ; toutes œuvres concourant au bien général seront bonnes et glorieuses.

J'aimerais aussi qu'il vous convînt de nous exposer par quels procédés efficaces vous parviendriez à rétablir la circulation, le crédit et partant la fécondité et la vie dans ce grand corps social qui se meut pourtant avec tant de lenteur et de difficulté ; comment vous vous y prendriez pour mettre arrêt aux ruines immenses dont est menacé le monde des affaires, si l'on ne se hâte de remplacer bien vite cette *malencontreuse loi sur les échéances*, votée il y a bientôt trois mois et à laquelle vos amis, si *éclairés*, ont donné un concours si empressé ; si l'on ne se hâte de sortir des routes battues par des créations financières plus efficaces que celles qui existent.

Dites-nous encore quelles investigations vous avez faites dans le vaste champ philosophique, économique et socialiste de notre époque, quelles ont été vos lectures, et si, par exemple, vous auriez eu des relations suivies avec les grands penseurs qui ont illustré la première moitié de notre siècle et dont le nom est déjà célèbre dans les deux hémisphères.

Avez-vous connu Saint-Simon, ce grand seigneur qui prétendait avoir du sang de Charlemagne dans les veines, ce pionnier infatigable de la pen-

ée, qui consacra 40 ans de sa vie à des recher-
hes d'améliorations sociales, et la termina après
avoir donné au monde le *Nouveau Christianisme*,
œuvre respirant la plus pure morale, généralement peu connue et qui devrait être dans toutes les
mains ?

Et le Père ENFANTIN, son disciple, très-supérieur
au maître, l'avez-vous également connu ? Il s'est
appellé à une certaine époque de sa vie : LE PÈRE
DE L'HUMANITÉ, et pour montrer qu'il prenait cette
appellation au sérieux, le voilà qui fait tracer par
ses ingénieurs le plan de tous les chemins de
fer à exécuter, sur toute la surface du globe, avec
une vitesse circulante de 25 lieues à l'heure et
qu'il indique les travaux gigantesques qu'il faudrait exécuter pour accomplir cette grande œuvre,
dans une brochure intitulée : *Système des chemins
de fer méditerranéens*, qui eut alors dans le
monde des affaires un immense retentissement.

Plus tard, Enfantin se rendit en Egypte et fit avec
ses amis les premières études du tracé de l'isthme
de Suez, travail gigantesque que M. de Lesseps
vient de terminer. Il a publié des travaux reli-
gieux et d'économie sociale fort remarquables dont
je ne saurais trop recommander la lecture
aux âmes en quête de *bonnes*, *belles* et *fécondes*
inspirations.

Et, CH. FOURIER, ce Newton de l'attraction
passionnée, ce sublime harmonisateur des passions humaines, cet ingénieux architecte de la
COMMUNE SOCIÉTAIRE, de CETTE CRÉATION (*) que

(*) LA COMMUNE SOCIÉTAIRE, faite dans les conditions que le

je devrais appeler DIVINE, si l'on avait pas tant prostitué cet adjectif, mais qui certes sera la plus pure et la plus glorieuse œuvre de notre temps et de tous les temps ; FOURIER, plus grand encore que SAINT-SIMON et ENFANTIN, qui n'ont pas de supérieurs ni d'égaux dans les deux mondes, avez-vous lu et relu sans cesse les œuvres si nombreuses, si originales, si variées et pourtant si substantielles qu'il a publiées ? Avez-vous essayé d'imprégner votre esprit des beautés toujours nouvelles que ses livres renferment pour tout lecteur sérieux et non prévenu ? Avez-vous recueilli de cet examen la vraie science, LA SCIENCE DE LA NATURE, dont Fourier avait pénétré tous les secrets ?

A ces questions diverses que vous trouverez sans doute fort indiscrètes, j'estime que, si j'ai bien pénétré dans votre missive les tendances de vos sympathies et de votre esprit, vous ne répondrez pas.

Pourquoi ?

---

maître a minutieusement tracées et donnant les résultats qu'il a calculés avec une précision mathématique, c'est d'un seul coup la fin de la société civilisée et pourrie dans laquelle nous avons le malheur de vivre ; c'est la fin de toutes les guerres, de toutes les luttes, de toutes les haines entre nations, classes, familles et intérêts ; c'est l'entrée en plein dans le MONDE NOUVEAU, de l'harmonie et de la paix, de la solidarité, de la liberté, de l'égalité et de la fraternité, cette fois réelles et vraies et non plus factices et trompeuses ; c'est en un mot la première étape vers le bonheur universel.

Hâtons-nous donc de fonder cette première ruche alvéolaire, qui amènera instantanément l'imitation de créations semblables dans le monde entier.

Parce que d'abord, selon moi, il ne vous a jamais été et qu'il ne vous ira jamais d'avoir aucuns rapports avec les *affreux penseurs* de notre temps, — c'est ainsi qu'on appelle nos gloires les plus pures dans votre monde, — et spécialement avec ces *hérétiques* ayant nom Saint-Simon, Enfantin, Fourier et *tutti-quanti*; avec ces âmes damnées, dont les livres, si les hommes de notre triste époque n'étaient pas si lâches et si pervertis, devraient être probablement, selon vous, lacérés et brûlés en place publique par la main du bourreau, comme en ces beaux temps du moyen-âge, dont, sans doute, un certain nombre de vos partisans salueraient avec joie le retour.

Parce que, quant aux travaux d'ordre matériel, vous estimez certainement que ceux qui voudraient vous en investir, mériteraient d'être chatiés pour concevoir de pareils desseins, pour croire que vous, l'oïnt du Seigneur, vous, fils de France, si haut élévé au-dessus du commun des mortels, vous iriez vous ravaler à ce point, d'exécuter des œuvres *viles* accomplies jusqu'à ce jour par les mains *viles* d'un *esclave*, d'un *cerf*, d'un *vilain*, gens taillables et corvéables à merci et à volonté. Une pareille supposition est un de ces outrages, une de ces indignités, une sorte de lèze-majesté, qu'il faut être libre-penseur et dans un siècle corrompu pour oser commettre. Mais patience! les beaux jours du temps passé reviendront et gare alors aux mécréants, qui manqueront de respect aux personnes sacrées!!!

Parce qu'enfin, comme vous le dites dans votre épitre :

Je serai appelé :

1º Parce que je suis le Droit.

2º Parce que je suis l'Ordre.

3º Parce que je suis la Réforme.

4º Et parce que *je suis le fondé de pouvoir nécessaire pour... préparer l'*Avenir.

Essayons de réduire à leur juste valeur ces affirmations passablement hasardées.

1º Je suis le Droit :

C'est-à-dire, si j'ai bien compris votre pensée, vous estimez que la nation française vous appartient depuis l'avènement de votre race, comme un vil troupeau, dont vous seriez le berger, en toutè propriété, de génération en génération, *in secula secularum* ; et ce, à vous et à vos successeurs, ces derniers fussent-ils, non les plus dignes ni les plus capables, mais des crétins, des débauchés comme Louis XV, ou des voleurs et des assassins de la pire espèce.

Cette prétention que nous examinerons plus loin me paraît bien difficile à justifier, d'autant plus que l'histoire des dernières années, si instables que nous venons de traverser, me paraît peu favorable au principe dynastique en général et surtout à celui que vous représentez spécialement.

Voyez plutôt !

Louis XVI est guillotiné en 1793.

Napoléon Ier est chassé en 1815 par les baïonnettes étrangères.

Charles X prend en 1830 le chemin de l'exil.

Louis-Philippe en 1848 a le même sort.

Napoléon III également en 1870.

Mais ce que je trouve de remarquable, Comte, c'est que chacune de ces grandeurs déchues a eu, aux temps de sa puissance, pour adulateur ce même clergé catholique auquel vous portez un si profond respect ; que ce clergé adressait pour ces potentats les prières les plus ferventes à l'Eternel ; et que notamment il le suppliait naguères de conserver longtemps les jours précieux de Napoléon III, en récompense sans doute des largesses, tranchons le mot, d'une partie des dépouilles de la nation qu'il mettait à ses pieds.

Mais comme on ne trompe pas Dieu inpunément, n'est-ce pas le cas de s'écrier en voyant la fin piteuse de cet homme : Courbez humblement vos fronts dans la poussière, grands de la terre, et toi, regarde bien, peuple naïf et béat, qui te laisses si bien prendre au babil plein de fallacieuses promesses des grandeurs factices, regarde bien : *Voilà la justice de Dieu qui passe!!!*

Mais revenons à notre sujet et voyons comment s'est pratiqué votre *droit historique*, où nous a conduit cette vieille monarchie de quatorze siècles dont vous prétendez descendre.

Vos rois n'ont-ils pas eu pour aïeux les chefs de ces bandes tudesques qui semaient sur les Gaules le pillage, l'incendie, le meurtre, la dévastation ; et vous honoreriez-vous d'être l'héritier de ces fils aînés de l'Eglise, ainsi que ces brigands se faisaient appeler en ces temps de ténèbres et de troubles?

Pauvres Gaules ! avant le VIe siècle de notre ère, elles n'avaient plus tracé d'existence unitaire. Les peuples qui les composaient, *Helvétiens*, *Germains*, *Belges*, *Celtes*, *Aquitains*, etc., que le souffle puissant de Vercingetorix avait un moment galvanisés et soudés pour les opposer aux envahissements de J. César, ne furent plus après leur défaite définitive que des agglomérations en quelque sorte juxta — posées, sans liens, sans consistance, sans chefs hiérarchisés; elles devinrent une proie facile pour les barbares qui les entouraient et qui les rançonnèrent sans trève ni merci.

Enfin en 511, les *Conquérants* (*), les *Francs*, choisirent pour chef de guerre un des leurs, *Clovis* Ier, de la race Mérovingienne en remplacement de Childéric Ier, qu'ils avaient, en 481, chassé comme indigne.

Les successeurs de Clovis, auxquels on donna le nom de *Rois fainéants*, abandonnèrent leur autorité à leurs intendants, appelés *Maires du Palais*.

Le plus remarquable d'entre eux fut Charles Martel qui chassa les Sarrazins de France et la sauva du joug de l'Islamisme.

Son fils, Pépin-le-Bref, qui lui succéda, fit enfermer dans un cloître le dernier des Mérovingiens et se fit nommer roi par les Francs, qui l'acceptèrent comme plus capable.

Charlemagne, fils de Pépin, tint sous sa domination la plus grande partie de l'Europe. Son règne ne fut qu'une suite de guerres, de conquêtes et de massacres; mais cependant se signala par *les Capitulaires*, recueil fort estimé pour le temps, et la fondation de nombreuses écoles publiques.

Des révoltes et des calamités sans nombre signalèrent le passage aux affaires de ses successeurs qui s'étaient partagé l'Empire. Constamment

---

(*) Nous verrons plus loin quelle conséquence on peut tirer du droit de la conquête.

en guerre les uns contre les autres et s'affaiblissant réciproquement, ils n'eurent pas la force de s'opposer aux invàsions des Normands qui ravagèrent les provinces maritimes.

Ces excursions devenant de plus en plus fréquentes et inquiétantes par la suite, l'un des petits-fils du grand empereur Charles-le-Chauve se décida, afin d'intéresser plus fortement les ducs et les comtes de son entourage à la défense du sol, à proclamer leurs gouvernements héréditaires dans leur famille.

Ce fut là l'origine de cette féodalité nobiliaire, de cette caste privilégiée qui joua un si grand rôle dans l'histoire de notre passé et dont il reste encore tant de vigoureux vestiges dans notre vieille Europe.

Ce rôle n'est sans doute pas fini, car rien ne meurt réellement dans le monde; les institutions et les hommes se transforment, et il se pourrait bien que les héritiers de cette noblesse, qui s'est tant passionnée jadis pour la gloire militaire, pour les hauts faits d'armes, fussent appelés un jour à cueillir des lauriers plus beaux et plus durables dans la grande arène du travail pacifique, dans les vastes champs des améliorations sociales. (*)

Constatons qu'en 888, Charles-le-Gros, l'héritier de tout l'Empire Carlovingien, fut déposé par les *Seigneurs* pour avoir obtenu à prix d'or l'éloignement de Paris des Normands qui l'assiègeaient.

(*) Nous dirons, à l'occurence, quelle transformation à faire subir aux hommes et aux choses pour en arriver là.

La France, qui commençait à sortir de sa longue torpeur, donna alors la couronne à un des braves qui n'avaient pas désespéré du salut commun.

Peu de temps après, les Capétiens entrent en scène. Ils se signalent par leur lutte incessante contre les *Seigneurs*, tous de race germanique, qui s'étaient adjugé le sol de la vieille Gaule et y vivaient comme autant de tyranneaux.

Cette intervention, toute d'intérêt privé pour la royauté, servit, je le reconnais, au grand travail de l'unité française, qui commençait à s'affirmer, mais auquel participèrent largement et les communes affranchies du joug féodal et les légistes proclamant le droit rationnel en face des droits acquis par la force.

C'est alors qu'entre également en scène la bourgeoisie des villes : la bourgeoisie voulant essayer de mettre en vigueur ce vieil axiome de ses pères : *Selon l'ordre et le droit, une nation est au-dessus de son chef*, la bourgeoisie, c'est-à-dire l'élément national, entrant en lutte contre l'élément royal et féodal.

A la suite de l'émancipation des communes, surgirent les *Conseils généraux* composés des trois ordres : *Noblesse, Clergé, Bourgeoisie*. Ces corps furent appelés à voter les impôts, à régler les dépenses publiques et même quelquefois à exercer le pouvoir législatif.

Ces grandes assemblées qui revendiquaient le droit commun, et dans lesquelles la bourgeoisie tentait de prendre une place prépondérante, finirent par exciter contre elle la jalousie de la royauté et de la noblesse, autrefois ennemies, mais qui, en face du

péril de leurs communs priviléges, se coalisèrent
pour les renverser.

Après diverses péripéties, des luttes sanglantes
qui ne terminaient rien, ce fut Louis XIV qui se
chargea d'être l'exécuteur de cette indigne besogne.
En 1615, il dissout le parlement, se proclame roi
absolu, en pleine séance, et lui jette, en se
retirant, cette parole insolente : *l'Etat, c'est moi !*

La nation, à laquelle il imposa plus tard ses
opinions et ses goûts, accepta sans protestation
cette humiliation émanée d'un barbon de 20 ans.

Voici le bilan des soixante-douze ans du règne
de ce despote qui donna son nom à son siècle.

Un brillant éclat dans les lettres et les arts,
conséquence nécessaire de l'impulsion qu'ils avaient
reçue au siècle précédent ; mais l'on constate avec
tristesse que les littérateurs et artistes renommés se
courbaient bien bas sous la main qui les protégeait
et semblaient reporter au grand roi la plus belle
part du mérite de leurs œuvres et de la gloire qui
en rejaillissait.

Ils ne furent guère que d'intelligents valets
chargés de jeter, suivant leur spécialité, de l'encens
au maître qui les payait.

Deux provinces et trois villes conquises, mais
Dieu sait à quel prix !

Quarante-cinq ans de guerres continuelles.

La haine de toute l'Europe.

Puis, comme couronnement de toutes les guerres, le commerce, l'industrie et l'agriculture
anéantis, la famine la plus affreuse qui ait
jamais pesé sur notre pays ; des provinces entières
presque complètement privées de leurs habitants,
partout la désolation, le désespoir et, dans le fond

des cœurs, une haine atroce contre l'auteur de tant de calamités.

Et voilà grande chose, en fait d'œuvres utiles, d'amélioration de quelque portée.

Dans sa vieillesse il tomba dans le bigotisme. La Maintenon, qui le dominait alors, lui arracha l'*Édit de Nantes* : et le *Massacre des protestants dans les Cévennes*, à laquelle il...

Et voilà ce que gagna la nation française à adorer ce hautain despote, de mettre en litière, à ses pieds, tous ses droits.

Le règne de Louis XV ne fut qu'une longue suite de *débauches*. Ce honteux monarque laissa bien loin derrière lui ses devanciers dont pourtant les aventures galantes n'étaient un mystère pour personne. Ces sortes de privautés ont été, du reste, toujours inhérentes en quelque sorte aux priviléges de la couronne.

Nous avons vu plus haut, combien pèsent légèrement dans les destinées de la nation française les hommes qui vous auraient transmis leur héritage, et surtout quelle place médiocre ils tiennent dans les événements écoulés depuis 1793 jusqu'à nos jours.

Permettez-moi que je vous en offre un nouveau résumé fort instructif, selon moi : *Bis repetita placent.*

En 1793, la tête de l'infortuné Louis XVI roule sur l'échafaud.

La République qui remplace ce roi, est détruite d'abord par le coup d'Etat du 18 brumaire et ensuite par la proclamation du 1er empire en 1804.

Napoléon Ier, *l'Usurpateur*, ainsi que vos

historiens l'appellent, est renversé en 1815 par
la coalition des souverains de l'Europe; il a pour
successeurs les Bourbons de la branche aînée, vos
ancêtres, rentrés en France dans les fourgons de
l'Etranger.

Après quinze ans d'un règne qui, au début, se
signala par une réaction impitoyable, mais dont
les dernières années se passèrent assez paisible-
ment, ils furent renversés en 1830 à la suite du
coup d'Etat tenté par le ministère Polignac.

Le fils du régicide Philippe-Egalité, *Louis-
Philippe*, fut alors porté sur le pavois par les
censitaires à 300 fr. d'impôts.

Cette royauté, qui, au début, se caractérisait
sous le nom de la *meilleure des républiques*, fut
emportée à son tour par la révolution de 1848, qui
proclama une seconde fois la République.

Celle-ci est jetée à bas de nouveau dans la nuit
du 2 décembre 1852 par le parjure qui, seul,
en face de Dieu et des hommes, en avait juré le
maintien; mais à son tour il est emporté par l'explo-
sion du 4 septembre 1870.

Et nous voilà encore une troisième fois en
République.

Et nunc erudimini.....

Selon moi, tous les gouvernements qui se sont
succédé ont eu une légitimité relative et des loi
constance, parce qu'ils représentaient le caractère
et les tendances des minorités dominantes de leur
époque, parce que la majorité des déshérités de
tous droits, n'ayant pas encore voix au chapitre,
les acceptaient passivement, et parce que, si plus
tard l'intervention de ces anciens déshérités put
se produire en même temps que celle des anciens

privilégiés, cette intervention, quoiqu'elle soit encore fort peu apte à faire de bons choix, s'éclairera progressivement, étant déjà devenue *la souveraineté réelle, le droit nouveau*, permanent, primant toutes les légimités anciennes et ne pouvant que temporairement déléguer une partie de ses pouvoirs, et ce, encore, à des conditions déterminées.

J'admets, sans conteste, la légitimité, pour son temps, de Clovis Ier;

De même celle de Pépin-le-Bref;

De même celle des Capétiens, vos ancêtres;

De même et surtout la légimité de l'intervention du peuple en 89, du vrai peuple cette fois, composée, sans distinction de citoyens, appartenant à toutes les classes, venant revendiquer le mandat confié à Hugues Capet et à ses héritiers et entrer en plein exercice de ses droits;

De même la revendication très-légitime de ce même peuple en 1870, de ce peuple qui, après avoir tâté successivement de la première république, du premier empire, de la branche aînée et de la branche cadette des Bourbons, de la république de 1848 et du second empire, se réveilla soudain et d'un geste, jette bas le misérable qui, pendant vingt-deux années, l'avait tenu sous ses pieds, affirme de nouveau sa *souveraineté* trop longtemps méconnue et se promet bien cette fois de l'exercer directement à son profit par des délégués de son choix.

Et maintenant, en voyant tous ces mouvements brusques qui éclatent instantanément, tous ces gouvernements qui tombent presque à jour fixe les uns sur les autres comme des châteaux de carte, tous les changements qui toujours se font avec le concours et l'assentiment du peuple, je me demande si votre prétendu droit historique n'est pas noyé dans ce déluge qui emporte, à chaque instant, nos dynasties, et je cherche en vain par quelles bonnes raisons vous pourriez justifier votre privilége sur tous les autres droits antérieurs au vôtre, édifiés et détruits tour à tour par la force, la violence, l'usurpation; pourquoi vous, descendant des CAPÉTIENS, votre droit primerait celui des héritiers du roi Clovis ou plutôt du roi *fainéant*, le dernier des Mérovingiens si prestement escamoté par Pépin-le-Bref. (*)

Je pourrais arrêter là cette discussion, car il me semble avoir suffisamment prouvé que votre droit historique, élevé par vos partisans à la hauteur d'un dogme, n'a pas de base sérieuse; mais j'espère encore, si vous voulez bien faire avec moi un retour au passé, de vous faire en quelque sorte toucher du doigt la fragilité de vos prétentions.

Ainsi, si nous remontons à Clovis Ier, qui voyonsnous concourir à son élection? Les *Francs* seuls, les conquérants, dont nous avons qualifié les hauts faits, comme ils le méritent.

N'est-ce pas en ce moment que s'exerce dans toute sa crudité le droit de la conquête, le droit du

---

(*) J'estime qu'en se plaçant sur votre terrain, les droits d'héritage de ceux-ci primeraient le vôtre; or, comme tout semble prouver que ces héritiers seraient introuvables, il en résulterait comme conséquence que leur succession tomberait en déshérence, et devrait rentrer au domaine de l'Etat; c'est-à-dire faire retour à la nation, à la *souveraineté populaire* en un mot. Donc : tirez la conséquence.

plus fort si bien décrit dans la fable du *Loup et de l'Agneau*, du bon Lafontaine, le droit du vainqueur semblant dire au vaincu : *Manant, ces choses ne te regardent pas, fais le mort, ou je te tue* ; à cette prescription impérieuse, le vaincu a du s'empresser de courber la tête, sauf à se promettre dans son for intérieur de regimber en temps opportun.

Or, comme la force est chose instable, soumise à toutes les éventualités d'une force contraire, ayant autant de titres que la première à imposer ses volontés, sa loi, elle ne peut conférer de droits durables ni à celui qu'elle a revêtu, à un moment donné, d'une dignité quelconque, ni à ses successeurs et héritiers ; ce qu'une force quelconque a cru avoir le droit d'édifier, une force opposée peut le détruire aussi légitimement et édifier à nouveau ce qui lui plaît, et ainsi *de suite*.

Au temps de Clovis, ce sont les *francs*, les *forts* qui confèrent la royauté.

Au temps de Pépin-le-Bref, ce sont, de nouveau, les *francs*, les *maîtres du sol*, qui acclament son usurpation.

Au temps de Charles-le-Gros, ce sont encore les *seigneurs*, les *anciens francs*, qui, cette fois, avec l'intervention de la bourgeoisie, enlèvent la couronne à ce honteux monarque pour la donner au comte Eudes, et qui, plus tard, en 987, acclament, de nouveau, un des leurs, *Hugues-Capet*, le chef de votre race.

C'est encore la force qui porte Louis XIV à confisquer tous les droits de la nation, la force qui jette successivement à bas Louis XVI la première république, le premier empire, la branche aînée des Bourbons, la branche cadette, la seconde république et le second empire et qui a édifié le 4 septembre une troisième république. N'est-ce pas encore la force, ce droit si choyé par M. de Bismark, qui vient d'imposer à notre gouvernement le traité de paix déshonorant qu'il a été contraint de signer avec la Prusse, traité qui nous arrache presque en entier nos deux provinces les plus fidèles, les plus dévouées!!!

La force brutale, la loi du plus fort a exercé jusqu'ici une influence prépondérante sur les destinées humaines, et spécialement sur notre chère patrie, qui a essayé bien des fois de se dégager de son étreinte, mais qui, toujours par suite de son ignorance des vraies conditions d'un organisme normal, retombait fatalement après quelques années d'émancipation sous le joug qu'elle avait tenté de détruire.

Or, si de tous les faits qui viennent de se dérouler sous nos yeux, il doit se dégager au profit de quelque principe le droit de gouverner la France, m'est avis que ce n'est ni à l'un ou l'autre descendant ou héritier des anciennes familles qui ont régné sur notre pays à le revendiquer; que ce droit appartient incontestablement à l'assemblée générale des électeurs qui, toujours de plus en plus nombreux, ont conquis le droit de suffrage, qui dans le passé auraient du en réclamer l'exercice à chaque vacance de règne et qui aujourd'hui comprennent tous les Français âgés de 21 ans accomplis.

D'où j'en conclus que l'assemblée générale élue librement le 8 février 1871 est aujourd'hui le seul pouvoir légitime, le seul qui ait le droit d'administrer par ses délégués notre pays, à la condition bien entendue qu'elle maintiendra à l'avantage de tous, ainsi que l'exprime si bien le Chef du pouvoir exécutif actuel, le *Chef de la vraie souveraineté*, les LIBERTÉS NÉCESSAIRES.

Puisse la majorité des bons citoyens qui la composent comprendre enfin que dans les crises douloureuses que nous traversons, il est de notre devoir à tous d'abandonner les uns vis-à-vis des autres nos vieilles et irritantes désignations de partis, nos anciennes sympathies ou antipathies monarchiques, nos vieilles haines et nos discordes séculaires et que pour tous, français de cœur et de dévouement, désirant par-dessus tout le bonheur de notre bien-aimée patrie, ce que nous avons de plus pressant à faire, c'est de nous unir fortement et fraternellement les uns aux autres pour livrer ensemble une grande et décisive bataille, cette fois exclusivement pacifique contre les misères morales, intellectuelles et matérielles qui viennent de nous affliger si douloureusement et jeter l'horreur et l'épouvante dans toutes les âmes !

Le mal est grand, affreux, mais il n'est pas sans remède. C'est à chercher ce remède et à l'appliquer successivement dans la limite du possible que nous devons travailler tous sans exception de partis, de classes et de sexes et soyons persuadés que, si nous savons nous unir de cœur, d'intention et d'actes, si nous savons résolûment persévérer et poursuivre cette sainte et commune œuvre de régénération sociale, soyons, dis-je, persuadés que notre malheureuse patrie ne tardera pas à être sauvée, à sortir de l'abîme où elle paraît plongée et à renaître enfin à la vie, à l'amour, à l'honneur, à la liberté et à la fraternité, au travail et au bien-être, en un mot à toutes les nobles passions, à tous les désirs saints et légitimes.

Donc, je conclus que votre droit historique est mort, bien mort et enterré, et qu'à votre place je réclamerais la faveur, qu'on ne pourrait vous refuser, de travailler aussi, selon votre intelligence et vos forces, en compagnie des tenaces pionniers du progrès indéfini, au grand labeur de la *régénération sociale!* à l'amélioration progressive et pacifique du sort de tous sous le rapport *moral, intellectuel* et *matériel*, et en un mot, permettez-moi de le répéter, à la suppression de toutes les *misères*.

LE DROIT DIVIN. — Mais, halte-là! me direz-vous? Ce droit historique que vous me contestez si longuement et que mes partisans m'accordent, je n'y tiens guère : n'ai-je pas le DROIT DIVIN à mon service?

Le droit divin! Le droit divin! qu'est-cela, je vous le demande? Pourriez-vous me dire à quel signe particulier, à quelle auréole spéciale, vous distinguant des autres mortels, je puis le reconnaître en vous?

Est-ce que par hasard il aurait été stipulé par un article secret du décret proclamant l'*infaillibilité papale*, que le souverain pontife, étant le seul représentant de la divinité sur la terre, aurait dorénavant seul le droit et le pouvoir de donner les couronnes à qui il lui plaît? Est-ce qu'en l'occurence de la vacance de celle de France il vous l'aurait alors déjà adjugée à vous, le fils bien-aimé de son Eglise?

Hélas! hélas! si le vieillard impotent qui tient la houlette débile de saint Pierre, et vous, Monsieur le Comte, aviez l'un et l'autre une prétention aussi chimérique, je plaindrais profondément, croyez-le bien, votre aveuglement.

Le *droit divin!* mais il n'existe plus depuis longtemps; nous avons vu plus haut les péripéties qu'il a éprouvées depuis 1793 jusqu'à 1848, et voilà vingt-trois années qu'il est remplacé par le droit populaire, la souveraineté du peuple, dont certainement l'application laisse à désirer, mais le temps, qui est un grand maître, en améliorera successivement l'exercice.

Du reste, cette souveraineté ne me paraît plus guère favorable à votre race, et je prévois ultérieurement pour vous de grands déboires, si vous persistez à chercher à la reconquérir. Prenez garde d'effaroucher cette capricieuse divinité, qu'on appelle l'*opinion publique*, prenez garde d'échouer misérablement!

Mais permettez, Monsieur le Comte, que j'arrête là aujourd'hui cette épître déjà passablement longue, qui m'a coûté passablement de veilles et de nuits écourtées. Car, voyez-vous, je suis, comme saint Paul, obligé de gagner ma vie et celle des miens à la sueur de mon front, et par conséquent d'employer la plus grande partie du jour à ce devoir sacré.

Votre serviteur ne jouit pas, Monsieur, du précieux avantage de descendre d'une famille de ces anciens *Francs*, qui se sont emparés violemment des terres des vaincus et font profiter si largement leurs descendants de toutes les améliorations successives acquises au sol par les développements incessants de l'agriculture, de l'industrie et du commerce, depuis les temps de leurs conquêtes jusqu'à nos jours, et ce, par suite de l'avènement de cette grande révolution de 1789, que vos hommes liges ont par conséquent grand tort de maudire; il descend simplement d'une laborieuse famille de ces anciens serfs attachés à la glèbe et dont le blason s'appelait *truelle et charrue*, c'est-à-dire *travail créateur*.

LE TRAVAIL sera, je ne saurais trop le répéter, le grand levier des temps nouveaux, le levier de la *régénération* dont votre lettre balbutie le mot, et dont mes épîtres successives vous démontreront la puissance irrésistible.

A bientôt donc !

Et recevez, Monsieur le Comte, les salutations empressées d'un citoyen qui serait bien heureux de vous convertir à sa foi.

UN GAULOIS ÉMANCIPÉ.

A ceux qui seraient tentés d'accuser l'auteur de cet épitre d'être un *communeux*, il prend la liberté de mettre sous leurs yeux, l'extrait suivant d'une lettre écrite par lui le 27 mars écoulé à un jeune homme de cette ville, faisant partie du Comité central de la garde nationale, siégeant alors à l'hôtel-de-ville de Paris.

« ..... Vous ne sauriez, mon cher ami, vous faire une idée de la perplexité où je me trouve, de la douleur que j'éprouve à voir les malentendus qui parquent en deux camps hostiles, prêts à s'entre détruire une masse de bons citoyens, appartenant aux diverses nuances du grand parti libéral, qui poursuivent le même but, mais voudraient l'atteindre par des voies complétement différentes.

« Selon moi, le seul terrain commun à tous, *c'est la liberté effective de presse, de parole, de réunion et d'association*, la liberté vraie, réelle, mais non oppressive de la liberté d'autrui ; et je repouse de toutes mes forces *toute dictature*, aussi bien celle qui prendrait une livrée républicaine ou socialiste quelconque que celle qui s'appellerait napoléonienne, orléaniste, ou henriquinquiste.

« Par *la liberté* pacifiquement appliquée, le travail, dont l'absence est le plus grand des malheurs, reprend de suite, et la misère, qui est le grand tyran à détruire, commence à disparaître ; par *la liberté vraie* tous les problèmes pourront se poser, toutes les discussions pourront être entendues, toutes les solutions pourront se produire ; par la liberté les idées bonnes et solide   auvaises ; les pratiques acheminant au bien prouveront incontestablement leur puissance et forceront les Saint-Thomas, les incrédules, à les accepter et à les répandre.

» Hors de la liberté et de la paix, sa compagne inséparable ; hors de la sécurité assurée aux intérêts, il n'y a plus que le désordre inévitable qu'entraîne la guerre civile, il n'y a plus que le règne de *l'arbitraire*, qui a pour résultat fatal de faire dévorer ses partisans les uns par les autres.....

« Ne prenez pas, je vous prie, en mauvaise part les lignes qui précèdent, et croyez que j'apprécie, pour ce qu'il vaut, le dévouement qui vous a fait accepter le poste périlleux que vous occupez. Je ne soupçonne aucunement vos intentions ; mais je crains qu'une fois au pouvoir, vous ne fassiez comme tous vos devanciers, et que sous prétexte de défendre ce que vous appelez la sainte cause de *la liberté*, vous ne sortiez de la liberté à l'égard de *vos adversaires*, qui récemment vous foulaient aux pieds.....

Prenez garde ! prenez garde d'aller trop vite et trop loin sur la pente fatale où vous êtes entraîné à votre insu, sans doute, j'ai peur !.... j'ai peur !... »

Hélas ! cette peur était malheureusement prophétique.

Lille. Imp. Degans, rue du Faubourg-Notre-Dame, 53.